um título da série
POCKET MENTOR

COMO LIDAR
COM
AS CRISES

Managing Crises

Preencha a **ficha de cadastro** no final deste livro e receba gratuitamente informações sobre os lançamentos e as promoções da Editora Campus/Elsevier.

Consulte também nosso catálogo completo e últimos lançamentos em
www.campus.com.br

um título da série
POCKET MENTOR

NORMAN AUGUSTINE

COMO LIDAR COM AS CRISES

Managing Crises

OS SEGREDOS PARA PREVENIR E SOLUCIONAR SITUAÇÕES CRÍTICAS

Tradução
Gerson Yamagami

SOLUÇÕES PRÁTICAS PARA OS DESAFIOS DO TRABALHO

Do original: *Managing Crises*
Tradução autorizada do idioma inglês da edição publicada por Harvard Business School Press
Publicado por acordo com Harvard Business School Press
Copyright © 2008 by Harvard Business School Publishing Corporation

© 2009, Elsevier Editora Ltda.

Todos os direitos reservados e protegidos pela Lei 9.610 de 19/02/1998. Nenhuma parte deste livro, sem autorização prévia por escrito da editora, poderá ser reproduzida ou transmitida sejam quais forem os meios empregados: eletrônicos, mecânicos, fotográficos, gravação ou quaisquer outros.

Copidesque: Claudia Amorim
Editoração Eletrônica: Estúdio Castellani
Revisão Gráfica: Edna Cavalcanti e Roberta Borges

Elsevier Editora Ltda.
A Qualidade da Informação.
Rua Sete de Setembro, 111 – 16º andar
20050-006 Rio de Janeiro RJ Brasil
Telefone: (21) 3970-9300   FAX: (21) 2507-1991
E-mail: *info@elsevier.com.br*
Escritório São Paulo:
Rua Quintana, 753/8º andar
04569-011 Brooklin São Paulo SP
Tel.: (11) 5105-8555

ISBN 978-85-352-3252-3
Edição original: ISBN 978-1-4221-2274-7

Nota: Muito zelo e técnica foram empregados na edição desta obra. No entanto, podem ocorrer erros de digitação, impressão ou dúvida conceitual. Em qualquer das hipóteses, solicitamos a comunicação à nossa Central de Atendimento, para que possamos esclarecer ou encaminhar a questão. Nem a editora nem o autor assumem qualquer responsabilidade por eventuais danos ou perdas a pessoas ou bens, originados do uso desta publicação.

Central de atendimento: Tel.: 0800-265340
Rua Sete de Setembro, 111, 16º andar – Centro – Rio de Janeiro
e-mail: info@elsevier.com.br   •   site: www.campus.com.br

CIP-Brasil. Catalogação-na-fonte.
Sindicato Nacional dos Editores de Livros, RJ

C28c   Carlone, Katie
   Como lidar com as crises : os segredos para prevenir e
   solucionar situações críticas / Katie Carlone, Linda A. Hill ;
   tradução Gerson Yamagami. – Rio de Janeiro : Elsevier, 2009.
      – (Pocket mentor)

   Tradução de: Managing crises
   ISBN 978-85-352-3252-3

   1. Administração de crises. 2. Planejamento empresarial.
   I. Hill, Linda A. (Linda Annette), 1956-. II. Título. III. Série.

08-4205.   CDD: 658.4092
                                 CDU: 658:316.46

Sumário

Mensagem:
O poder de saber lidar com as crises   xi

Como lidar com as crises   1

O que é uma crise?   3

Informações úteis sobre a natureza e os tipos de crises.

Eventos naturais ou relacionados à empresa   7

Falhas tecnológicas   9

Forças econômicas e de mercado   11

Crises de relacionamento de negócios   12

Os seis estágios da gestão de crises   14

Estágio 1: Como evitar as crises   17

Estratégias para praticar a prevenção nas quatro principais áreas da crise.

Conduzindo uma auditoria de crises   21

Concentrando-se nas quatro áreas principais da crise   25

Estágio 2: Como se preparar para lidar com as crises   27

Idéias para medir o impacto potencial de uma crise e estabelecer a base para seu gerenciamento.

Reconhecendo os riscos e os custos   30

Desenvolvendo um plano de crises   32

Formando uma equipe para lidar com as crises   35

Criando um plano de comunicação e de recursos   36

Estágio 3: Como reconhecer uma crise   39

Táticas para determinar se um evento constitui uma crise.

Isso é uma crise?   42

Se é uma crise, como você a enfrenta?   45

Estágio 4: Como conter uma crise 47

Estratégias para estabelecer fronteiras em torno da crise.

Demonstrando determinação e compaixão 50

Comunicando a crise 53

Estágio 5: Como solucionar uma crise 59

Maneiras de reagir quando a crise surgir.

Gerenciando as emoções 61

Entendendo o papel do líder 66

Entrando em ação 67

Estágio 6: Como aprender com as crises 71

Táticas para extrair lições que você pode usar na próxima vez.

Analisando como a crise foi gerenciada 74

Planejando para a próxima crise 76

Acompanhando os resultados 78

Sugestões e Ferramentas   81

Ferramentas para lidar com as crises   83

Planilhas que ajudarão você a relacionar possíveis crises, identificar sinais de problemas potenciais, relacionar informações de contatos para uma emergência, desenvolver um plano de recursos, avaliar possíveis impactos de uma crise e extrair lições de uma crise.

Teste   91

Uma revisão proveitosa dos conceitos apresentados. Faça o teste antes e depois de ler este livro para ver o quanto aprendeu.

Respostas às questões do teste   104

Saiba mais   107

Outros artigos e livros, caso você queira se aprofundar neste assunto.

Bibliografia para a gestão de crises   117

Anotações   123

Para seu uso à medida que as idéias vierem à sua mente

Mensagem
O poder de saber lidar com as crises

O QUE VOCÊ FARIA SE SEU melhor empregado saísse amanhã? O que você faria se ocorresse um incêndio em seu escritório e não pudesse ter acesso a seu computador ou aos arquivos por semanas – ou pior, você perdesse todos os seus arquivos? Você seria capaz de continuar a realizar suas tarefas e manter a mesma dedicação aos clientes e fornecedores?

Muitas pessoas acham que a gestão de crises é uma tarefa para os grupos de auditoria interna, executivos seniores e profissionais de relações públicas. Isso é parcialmente verdadeiro – crises como adulteração de produtos, contaminação de alimentos ou relatórios de lucros fraudulentos são mais bem gerenciadas por essas pessoas. Mas existem outros eventos inesperados que podem causar impacto devastador em sua equipe ou organização. Crises como um fornecedor que deixa de entregar um produto crítico ou um longo período de enfermidade de um membro crucial da equipe podem tornar difícil, ou mesmo impossível, levar adiante as operações de seu negócio.

Mas com um bom planejamento, você pode minimizar o impacto de um desastre potencial, evitá-lo completamente ou, em alguns casos, até mesmo ajudar sua empresa a se beneficiar com a crise.

Este guia apresenta um método que pode ajudá-lo a gerenciar crises de maneira eficaz, seja você um executivo, gerente de divisão ou de unidade ou um líder de equipe.

Norman R. Augustine

Norman R. Augustine é o chairman do Comitê Executivo da Lockheed Martin; atuou como chairman e CEO da Lockheed Martin Corporation; foi diretor da Black & Decker, Phillips Petroleum e Procter & Gamble e subsecretário do Exército norte-americano durante a Guerra do Vietnã. É autor de *Augustine's Laws* (Viking Penguin, 1986) e "Managing the Crisis You Tried to Prevent" (*Harvard Business Review*, 1995).

Como lidar com as crises

O que é uma crise?

Uma crise é uma mudança — repentina ou gradual – que resulta em um problema urgente a ser abordado imediatamente. Uma crise pode ocorrer de várias formas:

- Defeitos de produtos que colocam a vida em risco são descobertos.

- Hackers desativam todo o sistema de uma empresa e impedem o acesso dos clientes.

- Uma geada destrói a colheita de frutas cítricas da região.

- Um ataque terrorista destrói vidas e propriedades.

- Um dos principais gerentes falece e não há nenhum substituto imediato.

As crises *não* são as dificuldades normais de um ciclo de negócio — aqueles problemas recorrentes enfrentados ao assumir riscos e explorar novas oportunidades. Em vez disso, as crises são eventos violentos e dolorosos. No entanto, algo de bom pode ser tirado dessas experiências difíceis. O conhecimento extraído de uma crise contém a semente para o futuro sucesso na prevenção de crises, gestão de crises e, em alguns casos, até mesmo novas oportunidades.

Nesta seção, você aprenderá mais sobre os quatro tipos de crises: eventos naturais ou relacionados à empresa, falhas tecnológicas, forças econômicas e de mercado e crises de relacionamento de negócios.

A crise é um evento que pode afetar ou destruir toda a organização.

— **Ian Mitroff**

Eventos naturais ou relacionados à empresa

Dois tipos de crises se enquadram na categoria eventos naturais ou relacionados à empresa: eventos naturais incontroláveis e desastres ambientais e de saúde relacionados à empresa.

Um *evento natural incontrolável* de magnitude catastrófica pode ocorrer inesperadamente. Esse evento pode surgir na forma de um terremoto, tufão, tornado, furacão, nevasca, inundação, incêndio ou outro desastre natural que destrói edifícios e infra-estruturas e interrompe as comunicações.

Um *desastre ambiental e de saúde relacionado à empresa* é um evento catastrófico que, embora não seja *causado* necessariamente por uma empresa, será relacionado diretamente à empresa. A empresa é, ou deveria ser, responsável por lidar com ele. Por exemplo:

- Alguém adultera o produto de sua empresa de tal forma que prejudica os consumidores e fere a imagem do produto e da empresa.

- Produtos como pneus defeituosos ou alimentos contaminados representam sérios problemas e sua empresa arca com a responsabilidade.

- Acidentes catastróficos, como grandes vazamentos de petróleo ou radiação, ocorrem sob a responsabilidade de sua empresa.

- Poluição ambiental é involuntariamente causada por sua empresa durante muitos anos; por exemplo, lixo tóxico, com efeitos prejudiciais duradouros sobre a fauna e a saúde humana, lançado nas águas.

O que VOCÊ faria?

● O quê? Eu, me preocupar?

CAL É O GERENTE de uma bem-sucedida rede de lojas de varejo. No ano passado, o negócio foi muito próspero. Os lucros aumentaram e as margens de lucro cresceram. Como o negócio foi tão positivo, Cal ficou surpreso ao receber um memorando do vice-presidente da empresa solicitando que ele fizesse uma *auditoria de crise*. O que o vice-presidente queria dizer com auditoria de crise? Por que Cal precisaria se preocupar com uma crise quando o negócio estava indo tão bem? Cal não sabia por onde começar.

O que VOCÊ faria? O mentor sugere a solução em *O que você PODERIA fazer?*

Falhas tecnológicas

Todos sabem o que acontece quando o servidor da empresa fica fora do ar. Na era da informação, somos extremamente dependentes da tecnologia para nos comunicar, guardar informações, pesquisar, comprar e vender. Hoje em dia, um negócio não pode funcionar sem a tecnologia. Eis alguns dos problemas tecnológicos mais comuns que podem se transformar em crises:

- **Perda de dados.** A maioria das empresas nos Estados Unidos não possui planos de backup de dados. De acordo com um estudo da University of Texas, apenas 6% das empresas que sofrem uma grande perda de dados sobreviverão à crise.

- **Falhas de segurança.** Um levantamento de 2001 realizado pelo Federal Bureau of Investigation e o Computer Security Institute revelou que 85% das grandes empresas e órgãos governamentais detectaram violações de acesso no ano anterior. Além disso, embora a maioria dos ataques de computador venha de fora, ataques internos causam as maiores perdas financeiras.

- **Tecnologia de comunicação.** O website de um varejista fica fora do ar durante a época mais movimentada, interrompendo pedidos e frustrando clientes e representantes de serviços. O website de uma equipe virtual fica fora do ar, tornando impossível para os membros da equipe cumprirem o prazo. Um sistema telefônico inteiro entra em colapso e ninguém da organização pode receber ou fazer ligações, exceto por seus celulares.
- **Equipamentos ultrapassados.** Quando as pessoas trabalham em equipamentos antigos ou redes defeituosas, elas enfrentam uma série de crises pequenas e contínuas todos os dias – condições de trabalho ineficientes, dificuldade em cumprir prazos, e-mails perdidos, frustrações constantes. Tudo isso pode levar a uma grande crise quando os sistemas finalmente entrarem em colapso.

Dica: Evite falhas tecnológicas ao manter os computadores e outros sistemas atualizados e resolva os problemas rapidamente quando surgirem.

Forças econômicas e de mercado

Com a economia global e a informação de alta velocidade, os mercados e as economias mudam muito mais rapidamente do que há 20 anos. Essas forças podem mudar – ou parecer mudar – rapidamente. Considere estes exemplos:

- **Oscilações de mercado.** Um aumento ou uma queda inesperada nas compras altera as vendas previstas, o desenvolvimento do produto e o cronograma. Embora as oscilações normais do mercado possam criar momentos difíceis, um grande distúrbio nos mercados resulta em crises.

- **Tendências.** Uma mudança geral na demanda do consumidor deixa as empresas retrógradas na poeira. O surgimento do computador pessoal é um excelente exemplo. Embora não tenha sido previsto, ele se tornou o novo estilo de vida nos negócios e nos lares. Empresas que acreditaram que a tecnologia mainframe continuaria sendo a única no mercado foram pegas de surpresa, e muitas delas faliram.

- **Bolhas de investimento.** Períodos de especulação desenfreada e euforias de investimento criam oportunidades de negócio fora de proporção até que a realidade econômica cause o estouro da bolha. A deflação instantânea de portfolios, poupanças, renda de aposentadoria e oportunidades de trabalho gera crises para muitos.

Dica: Evite crises financeiras contínuas ao financiar os projetos de desenvolvimento em toda a sua totalidade.

Crises de relacionamento de negócios

Todo negócio depende de pessoas dentro e fora da empresa, incluindo parceiros, fornecedores e clientes. O que sua empresa faz quando um líder importante falece inesperadamente? Quando um subcontratado encarregado da segurança permite uma violação séria em um grande aeroporto? Quando um fornecedor não consegue entregar mercadorias importantes? Quando um empregado é apanhado desviando dinheiro da conta de um cliente? Quan-

O QUE É UMA CRISE?

do um sócio é processado? Quando um grande cliente entra em falência? Quando dois gerentes de sua empresa se envolvem em um conflito pessoal destrutivo?

Dica: Evite crises de relacionamento ao confrontar e negociar problemas antes que se tornem mais graves.

O que você PODERIA fazer?

- Você se lembra da preocupação de Cal sobre como conduzir uma auditoria de crise?

Veja o que os mentores sugerem:

Cal poderia começar conversando com os colegas que trabalham em áreas diferentes, a fim de entender melhor o que poderia sair errado nos momentos mais difíceis. Se você fosse o responsável pela represa de uma cidade, certamente realizaria uma auditoria da integridade estrutural antes de uma tempestade elevar o nível das águas. Da mesma forma, é importante que Cal realize uma auditoria de crise quando as coisas estão correndo bem no trabalho, para que esteja bem preparado caso ocorra uma crise. Um dos primeiros passos para a realização de uma auditoria de crise é conversar com muitas pessoas diferentes na organização e obter perspectivas diferentes sobre o que poderia acontecer. Depois, Cal deve conduzir uma *análise SWOT* para identificar *pontos fortes, pontos fracos, oportunidades* e *ameaças* para cada crise potencial.

Os seis estágios da gestão de crises

Todas as crises – sejam relacionadas a eventos incontroláveis, saúde, tecnologia, mudanças de mercado ou relacionamento de negócios – têm o potencial de afetar a reputação da empresa, seus resultados financeiros, seus empregados e, eventualmente, a capacidade de fazer negócios. Embora não haja uma fórmula simples para eliminá-las, seguir os seis estágios da gestão de crises pode fazer grande diferença no modo como *sua* empresa as enfrenta.

Os estágios são os seguintes:

1. Como evitar as crises
2. Como se preparar para lidar com as crises

3. Como reconhecer uma crise

4. Como conter uma crise

5. Como solucionar uma crise

6. Como aprender com as crises

    Nos capítulos seguintes, examinaremos cada um desses estágios detalhadamente.

Estágio 1:
Como evitar as crises

A s CRISES mal gerenciadas geralmente obtêm maior atenção da mídia, e não ouvimos muito sobre as crises que foram prevenidas. Lembra-se do *bug* do milênio? No Ano-Novo de 2000 praticamente todos os computadores do mundo tiveram seus calendários alterados para o novo milênio sem problema algum. Aqueles que estavam atentos ao problema não ouviram nada além do silêncio de uma crise que foi prevenida. Durante anos, as empresas trabalharam para solucionar o problema do Y2K antes que este ocorresse, e os esforços valeram a pena.

É claro que os gerentes de todos os níveis de uma organização intercedem e impedem pequenas crises todos os dias. Por exemplo:

- Um representante de vendas percebe que o nome de um cliente está escrito incorretamente em todas as páginas de uma grande proposta de vendas. O gerente destruiu todas as cópias, fez as correções e imprimiu novas propostas em um serviço de fotocópias 24 horas, evitando que a empresa perdesse um grande cliente.

- Um gerente prevê um déficit de fluxo de caixa, toma providências para agilizar as contas a receber e certifica-se de que uma linha crédito esteja disponível no banco da empresa caso o dinheiro esperado não venha.

- Um líder de equipe, quando informado de que um empregado indispensável está saindo, toma providências para encontrar um substituto; não deixa para o último minuto.

Todos esses gerentes estão ativamente envolvidos na prevenção de crises. É seu trabalho. Mas para realizar uma prevenção de crise eficaz, você precisa seguir uma abordagem disciplinada, e isso inclui a condução de uma auditoria de crises e considerar as crises potenciais nas quatro áreas principais discutidas anteriormente.

Conduzindo uma auditoria de crises

A maioria dos gerentes já está acostumada com as crises *possíveis* e *prováveis* e toma providências para evitá-las. Mas você pode se tornar ainda mais eficaz ao se preparar para crises quando as coisas estão correndo bem. O primeiro passo é realizar uma auditoria de crises. Procure as coisas que estão erradas agora ou que têm o potencial de estar erradas no futuro.

Uma auditoria de crises pode parecer mais um item de sua longa lista de tarefas, mas é uma parte importante no plano de longo prazo de sua empresa ou departamento.

Uma auditoria de crises envolve os seguintes passos:

1. **Incluir o planejamento de crises em seu planejamento estratégico.** Incorpore a auditoria de crises em seu papel no processo geral de planejamento estratégico. Não importa se você gerencia seu próprio negócio ou departa-

mento, ainda é necessário planejar estrategicamente para o futuro e isso deve incluir o planejamento de crises.

2. **Reunir-se e compartilhar idéias.** Os pontos de vista das pessoas sobre as crises potenciais diferem bastante. Ninguém possui todas as informações que uma empresa necessita. Ao conversar com pessoas de outras áreas de seu departamento, divisão ou empresa, você pode obter informações surpreendentes. Trabalhe com os colegas de seu departamento e de outros departamentos para analisar a situação.

3. **Realizar uma análise SWOT.** Uma ferramenta útil de planejamento estratégico é a *análise SWOT* (pontos fortes, pontos fracos, oportunidades, ameaças). Conduza a análise especificamente a partir da perspectiva de uma crise, afinal, as crises freqüentemente evoluem de fraquezas internas ou de ameaças externas.

Por exemplo, quais são as fraquezas internas de sua organização? Onde uma crise pode ocorrer nas rotinas normais do negócio? Por exemplo, há insuficiência de pessoal tão grande que, se um membro da equipe sair, você não conseguirá trabalhar? Ou sua infra-estrutura é antiga e toda remendada? Você tem problemas de controle da qualidade que poderiam levar à insatisfação ou a danos ao consumidor? Quais são as ameaças externas mais prováveis? Qual dessas ameaças seria a mais prejudicial à sua empresa? Por exemplo, o concorrente poderia lançar um produto radicalmente novo, tornando o seu obsoleto? Observe que muitas pessoas se recusam a reconhecer a maior ameaça que ronda a empresa. Ao ignorar a realidade, qualquer ação construtiva que poderia prevenir ou reduzir o impacto do problema é deixada de lado. Por exemplo, se sua empresa estiver produzindo de forma bem-sucedida uma importante linha de produtos, mas os gerentes se recusarem a reconhecer um produto novo, inovador, que eventualmente tornará toda sua linha de produtos obsoleta, a empresa provavelmente não sobreviverá.

4. **Concentrar-se nas quatro áreas principais da crise.** Considere os possíveis desastres ambientais e de saúde, falhas tecnológicas, forças econômicas e de mercado e relacionamentos.

5. **Reduzir a lista de riscos de crise.** Ao realizar uma auditoria de crises, faça duas perguntas básicas a si mesmo: Quais são as *piores* coisas que poderiam sair errado? Quais são as crises *mais prováveis*? Você não pode enfrentar cada problema ou crise potencial e algumas crises não afetarão sua organização. Por exemplo, se sua empresa não estiver localizada em uma zona de terremotos, não coloque "terremoto" na lista de riscos de crise. Se você trabalhar em uma empresa de consultoria, não será necessário se preocupar com uma possível greve. Reduza a lista de riscos de crise ao se concentrar nas crises que teriam os piores resultados, que seriam mais prováveis de ocorrer e que afetariam sua equipe ou empresa.

Faça uma lista de tudo que poderia atrair problemas a seu negócio, considere as possíveis conseqüências e tenha uma estimativa do custo da prevenção.

Norman Augustine

Concentrando-se nas quatro áreas principais da crise

Tentar prever cada tipo possível de crise pode ser avassalador. Examinemos mais detalhadamente como se concentrar nas quatro áreas principais de uma crise.

- **Desastres ambientais e de saúde.** A saúde e a segurança dos empregados, dos consumidores, do público geral e do ambiente têm alta prioridade. Isso pode rapidamente se agravar de um pequeno problema para uma grande crise, principalmente quando as pessoas da instituição tentam encobrir, colocar a culpa em alguém ou minimizar sua importância.

- **Falhas tecnológicas.** Você provavelmente já tem uma boa idéia de alguns dos pontos mais fracos da tecnologia em sua empresa ou departamento. Talvez seja o sistema telefônico, o servidor ou a conexão de internet. Falhas na tecnologia podem precipitar crises paralisantes se não forem resolvidas.

- **Forças econômicas e de mercado.** Forças econômicas e oscilações do mercado podem ser as crises com as maiores oportunidades escondidas – mas apenas se você estiver preparado, caso contrário uma oscilação de mercado inesperada pode ser prejudicial ou mesmo devastadora.

- **Relacionamentos.** As pessoas são imprevisíveis. Elas podem fazer coisas que você não acharia possível, principalmente se isso envolve dinheiro ou uma promoção. As organizações com as quais você formou parcerias por muito tempo também podem surpreendê-lo. Considere, por exemplo, a agência de publicidade cujo cliente, que faz parte da *Fortune* 500, simplesmente fechou as portas. Milhões de dólares em negócios foram perdidos. Como gerente, você deve lidar com muitos e diversos relacionamentos. Procure por relacionamentos vulneráveis. Esteja particularmente atento ao fornecedor, cliente ou gênio de informática cuja saída poderia arruinar sua empresa.

Estágio 2: Como se preparar para lidar com as crises

Nos negócios, criar um plano para lidar com as crises significa tomar todas as decisões que puder antes que uma crise ocorra. Assim, você pode concentrar sua energia no gerenciamento eficaz da crise *se e quando ela ocorrer*. Muitas dessas tarefas são bem fáceis de realizar quando as coisas estão correndo bem, mas difíceis e estressantes durante uma crise.

No entanto, assim como um hospital possui um gerador de emergência caso ocorra queda de energia durante uma cirurgia, uma empresa também precisa de planos alternativos para resolver crises.

Reconhecendo os riscos e os custos

Imagine uma grande empresa de investimentos que possuía apenas um ramo de negócios: ajudar os investidores individuais a comprar e vender ações. Quando o mercado de investimento estava em seu auge, o negócio dessa empresa prosperou. Ela investiu seus lucros na expansão de seu negócio contratando mais pessoas e abrindo mais escritórios. Mas quando a economia estagnou e os investidores individuais pararam de comprar, a empresa não possuía outras fontes de renda. As ações da empresa caíram e ela foi forçada a despedir muitos empregados – o que afetou todos na organização. Ao explorar outras fontes de renda e ao investir parte do lucro nessas oportunidades – e ao fazer algumas suposições sobre a taxa de crescimento – a empresa poderia ter minimizado alguns efeitos do desastre.

Utilize os resultados de sua auditoria de crises como base para um *brainstorm* de crises potenciais. Questione os pressupostos básicos de seu negócio – tanto para o presente quanto para o futuro. Quais pressupostos *podem* não ser verdadeiros? Pergunte a si mesmo: "O que aconteceria se as pessoas parassem de comprar nosso produto mais vendido?" ou "O que ocorreria se a demanda por nosso produto fosse tão alta que não conseguiríamos entregar os pedidos?". É importante fazer isso em grupo. Outras pessoas podem fornecer pontos de vista valiosos para nossos pressupostos mais arraigados. Finalmente, pergunte: "Como isso afetaria nosso grupo?"

Uma vez identificadas quais crises necessitam planejamento, pense nas formas de minimizar os riscos. Faça também um *brainstorm* dos custos para cada risco identificado. Considere tudo que poderia sair errado e avalie os custos, se houver. Uma análise de risco mede mais do que apenas os custos em termos de dinheiro. Determine os custos em termos de bem-estar humano e segurança e outros fatores importantes, como a capacidade de satisfazer as demandas dos clientes, a capacidade dos empregados de trabalhar e se comunicar de maneira eficiente e a reputação de sua empresa. Priorize os riscos que são mais urgentes e dispendiosos e trabalhe com eles primeiramente.

Desenvolvendo um plano de crises

Após selecionar o cenário principal mais provável e analisar as possíveis conseqüências, faça um *brainstorm* dos tipos de decisões que deverão ser tomadas. Por exemplo, no caso de um desastre natural, pode ser necessário que os empregados sejam evacuados e os empregados do segundo e terceiro turnos sejam notificados. Se surgir um problema para vender um produto, pode ser necessário contratar rapidamente uma equipe adicional, considerar métodos de transporte alternativos ou os gerentes poderão atender telefonemas. No caso de uma greve iminente dos trabalhadores da área de transporte, pode ser necessário chamar uma equipe de empregados que dirijam minivans para levar as pessoas ao trabalho e providenciar que algumas trabalhem em casa.

À medida que toma essas providências, comece a considerar quem deveria estar tomando essas decisões. Faça também uma verificação de realidade em seu plano, ao realizar um *brainstorm* sobre os possíveis efeitos colaterais acidentais – e indesejáveis. Por exemplo, quando uma rede de autopeças de automóveis quis aumentar suas vendas em declínio, a gerência ofereceu aos mecânicos incentivos de vendas. Quanto mais trabalho eles trouxessem, maior seria o bônus recebido. Infelizmente, alguns dos mecânicos começaram a recomendar reparos desnecessários. Os clientes reclamaram que estavam sendo enganados e a reputação da rede foi ferida. De forma semelhante, uma fábrica ofereceu incentivos para cada produto defeituoso retornado, mas logo alguns empregados começaram a avariar os produtos deliberadamente para receber o bônus. Quando uma pizzaria prometeu entregar suas pizzas "em 30 minutos ou grátis", os entregadores causaram acidentes por excesso de velocidade.

Você não precisa cobrir cada eventualidade, mas uma análise cuidadosa pode ajudar a prevenir esses problemas inesperados.

Passos para desenvolver um plano de crises

1. **Identifique obstáculos e pontos fracos.**
   Que fatores poderiam agravar a crise? Falta de pessoal? Nenhum plano de evacuação? Tecnologia? Clima? Falta de dinheiro? Falta de conhecimento? Faça um *brainstorm* sobre os obstáculos e pontos fracos e identifique maneiras de lidar com eles.

2. **Crie um plano de recursos.**
Dependendo do tipo de crise, considere o que você pode precisar para resolvê-la e organize esses recursos para que estejam a seu alcance quando necessário. Por exemplo, empregados que viajam a perigosas partes do mundo podem precisar de acesso rápido ao dinheiro. Determine de quais recursos você precisa, como os obterá e quem será o responsável.

3. **Crie um plano de comunicação.**
Decida quem deverá saber sobre crise – inclua tanto pessoas internas quanto externas. Então desenvolva um plano de comunicação para que cada pessoa-chave seja informada quando necessário. O plano de comunicação poderia ser tão simples quanto uma lista de contatos de emergência ou um esquema de comunicação mais complexo, indicando o fluxo das mensagens.

4. **Distribua os planos de recursos e de comunicação.**
Certifique-se de que todas as pessoas-chave entenderam os planos de recursos e de comunicação. Faça uma reunião para revisar os planos e verifique o papel de cada pessoa durante uma emergência. Uma simulação de crise poderia ser realizada para testar se os planos realmente funcionariam.

Formando uma equipe para lidar com as crises

O resultado da crise depende do desempenho das pessoas que tomam as decisões. Quanto mais bem preparados estiverem, melhor a crise será enfrentada. Determine a pessoa de sua equipe que:

- estará envolvida com cada aspecto da crise;
- tomará quais tipos de decisões;
- notificará as autoridades da empresa;
- notificará os empregados, entidades governamentais, mídia etc.;
- decidirá se os empregados deverão permanecer em suas casas;
- decidirá a evacuação do prédio;
- decidirá contratar empregados temporários no caso de um aquecimento inesperado nos negócios.

Uma vez que essas decisões tenham sido tomadas, certifique-se de que cada pessoa da equipe tenha um substituto para o caso de indisponibilidade.

Além disso, crie e distribua uma lista com todos os números de telefone, endereços de e-mail e outras formas de entrar em contato com os membros mais críticos da equipe. Peça para as pessoas colocarem a lista em seus computadores, listas de contatos dos celulares, comunicadores sem fio e em seus *home offices*... enfim, em qualquer lugar que alguém da equipe possa acessá-la.

Depois, identifique tanto as redes formais quanto as informais em sua organização. Quem são as pessoas-chave com quem você precisa contar em uma crise?

Criando um plano de comunicação e de recursos

Crie listas de todas as pessoas que deverão ser contatadas no caso de uma crise – não apenas os membros da equipe – e como entrar em contato com elas. Você deve incluir todos os empregados, fornecedores e clientes.

Dica: Faça questão de estabelecer relacionamentos que você ainda não tem. Quando a crise surgir, é muito mais fácil enfrentá-la se você já conhecer todos os participantes.

Além disso, para cada crise em sua lista, pense em quais recursos serão necessários para enfrentar a situação. Por exemplo, se você gerenciar um projeto de pesquisa em uma empresa da indústria farmacêutica, é preciso estar preparado para uma crise biológica ou relacionada à saúde. Se você estiver tentando desenvolver um nicho de mercado em um país subdesenvolvido, seus empregados podem estar correndo risco físico. Em ambos os exemplos, os recursos necessários seriam muito diferentes – desde antídotos específicos até um plano de fuga detalhado.

Dica: Ao criar um plano de comunicação de crises, faça uma lista das cinco perguntas menos prováveis de serem feitas em relação às crises. (Certamente alguém as fará.) Prepare as respostas para essas questões.

Estágio 3: Como reconhecer uma crise

O CEO DE UMA GRANDE corporação foi informado de que o presidente de uma de suas subsidiárias – uma empresa de filmes – foi acusado de desviar dinheiro e falsificar cheques. Mas o CEO se recusou a acreditar que o presidente da empresa de filmes cometeria tais crimes. Ele ignorou o problema, mas este não desapareceu. Quando o CEO decidiu despedir o presidente, o ladrão carismático havia obtido o apoio dos membros do Conselho de Administração. O Conselho insistiu em manter o presidente. A situação se agravou, com notícias nos jornais que mancharam o nome da empresa de filmes, da corporação e de todos os envolvidos – incluindo o CEO. Foi uma crise desagradável e dolorosa que poderia ter sido evitada se ele tivesse reconhecido aquilo como uma crise potencial e rapidamente tomado providências. Como esse CEO, muitos gerentes não querem enfrentar situações desagradáveis. Infelizmente, essas situações podem ser sinais de uma crise iminente. Preste atenção em sua voz interior, que diz: "Opa, há algo errado!" O CEO deve ter ficado muito perturbado quando descobriu que o presidente da empresa de filmes foi acusado de desviar dinheiro. Mas ele justificou o evento dizendo a si mesmo que aquilo que ouviu era impossível.

Isso é uma crise?

Diariamente, os gerentes tomam conhecimento de muitos fatos e eventos preocupantes. Em vez de tentar ignorá-los, justificá-los ou minimizar sua importância, vire-se e enfrente-os. Reserve um minuto para se distanciar de si próprio e examinar o evento e suas conseqüências.

Primeiro, *caracterize o evento*. Utilize a lista de verificação no quadro "Isso é uma crise?" para identificar se você está lidando com uma crise iminente.

ESTÁGIO 3: COMO RECONHECER UMA CRISE

Segundo, *avalie o tamanho da crise*. Uma vez que tenha percebido que está lidando com uma crise, identifique seu escopo e magnitude.

Isso é uma crise?

O evento em questão causou ou tem o potencial de causar...	Sim	Não
ferimentos a uma pessoa?		
uma ameaça à saúde ou segurança de alguém?		
uma ameaça ao meio ambiente?		
uma falha na capacidade de sua empresa servir os clientes ou uma ameaça à reputação de sua empresa?		
uma séria ameaça ao moral e ao bem-estar de seus empregados?		
uma perda de dados?		
uma séria perda financeira?		
um processo contra sua empresa ou um indivíduo associado a ela (empregado, parceiro, fornecedor)?		
Interpretando sua pontuação: Se você responder "sim" a qualquer uma das questões citadas, provavelmente estará lidando com uma crise iminente.		

Obtenha rapidamente o máximo de informação que puder. Faça a si mesmo perguntas como:

- Quantas pessoas estão envolvidas? Quem são elas?
- Quanto tempo isso deve durar?
- Alguma lei foi transgredida? Qual foi?
- Quem já está sabendo da crise? O que eles sabem?
- Quem precisa saber?
- Quais são os custos até o momento em termos de saúde? E de dinheiro? Reputação?

Terceiro, *faça uma auto-análise*. Avalie de que maneira você enfrentaria a situação. Você é alguém que tende a reagir com pouca intensidade? Se for esse o caso, talvez deva se preocupar mais. Você tem tendência a reagir exageradamente? Nesse caso, se acalme.

Quarto, *considere seus valores*. O que é importante? O que é *o certo* a fazer? Por exemplo, se um empregado estiver infringindo uma lei – e usando a empresa para fazê-lo –, qual é sua responsabilidade? E se um subcontratado estiver descartando ilegalmente lixo tóxico de sua empresa, prejudicando o meio ambiente e possivelmente colocando vidas em risco, e você suspeitar de que a empresa esteja ignorando o fato? O que você faz?

Se é uma crise, como você a enfrenta?

Suponhamos que você tenha concluído que possui uma crise em suas mãos. O que você faz? Você pode precisar lidar com alguns aspectos da situação imediatamente, mas também precisa propor um plano flexível para lidar com os efeitos de curto e longo prazos da crise. As seguintes estratégias podem ajudar:

- **Posicione sua equipe.** Forme sua equipe de gestão de crises o mais rápido possível. Dependendo do escopo da situação, é possível que os membros da equipe sejam designados à crise em tempo integral. Se a crise for muito grande ou de longa duração, você pode precisar retirar a equipe de gestão de crises de algumas ou de todas as suas tarefas regulares. Se você tiver realizado a auditoria de crises, então os membros de sua equipe já conhecerão seus papéis e como se comunicar uns com os outros.

- **Obtenha a informação necessária.** Durante a crise, você necessitará de informações principais sobre o que está acontecendo – à medida que acontece. Você deve fazer as perguntas certas às pessoas certas. Trabalhe com sua equipe para assegurar o fluxo contínuo das informações. Você também precisa entender a informação obtida. Separe o que é relevante daquilo que não é, o importante do trivial. É fácil ficar preso aos detalhes, por isso faça uma pausa de vez em quando e analise a situação de maneira mais ampla.

- **Encontre um bom ouvinte.** Nessa fase da crise, também é importante ter um bom ouvinte – uma pessoa em quem você confia e que o ajudará a considerar as idéias, informações e decisões.

Dica: Se você tiver concluído que está enfrentando uma crise, obtenha os fatos o mais rápido possível, da melhor forma que puder.

Estágio 4: Como conter uma crise

Q UANDO UMA CRISE OCORRER, a primeira coisa a fazer é contê-la. Sua meta é estancar a hemorragia rapidamente. Você deve tomar decisões rápidas. Esteja no local. Sua presença é importante. Isso faz com que todos saibam que sua empresa se importa com o que está acontecendo. Você deve comunicar as informações críticas às pessoas-chave.

Por exemplo, quando uma rede de supermercados foi acusada por uma grande rede de televisão de vender carne estragada, o valor de suas ações despencou, mas a equipe gerencial reagiu rapidamente. Eles reuniram os fatos não apenas ouvindo as notícias e a mensagem dos acionistas, mas também prestando atenção em seus próprios empregados e trabalhando com eles. Eles pararam imediatamente de praticar a venda de carne pouco fresca e instalaram grandes janelas nas áreas de preparação de carne para que o público pudesse observar a carne sendo embalada. Eles expandiram o treinamento aos empregados, permitiram a visitação pública a suas instalações e ofereceram descontos para atrair os consumidores de volta às lojas. A empresa ganhou classificação excelente da Food and Drug Administration e suas vendas voltaram ao normal.

Demonstrando determinação e compaixão

Quando uma chuva torrencial inundou um setor do escritório, a água destruiu computadores, carpete, documentos e uma área de trabalho para 10 empregados. O gerente estava no local quando os trabalhadores chegaram de manhã para ajudá-los e conduzir imediatamente o trabalho de limpeza. Depois de terminado, os trabalhadores começaram a apresentar problemas respiratórios e dores de cabeça. Embora o carpete tivesse sido limpo, foi descoberto que estava provavelmente infestado por fungos. Em vez de tentar limpar o carpete novamente ou esperar pela aprovação do orçamento, o gerente ordenou imediatamente a remoção e substituição do carpete de toda a área.

Esse gerente demonstrou duas qualidades essenciais necessárias em uma crise: determinação e compaixão. Em primeiro lugar, sua presença no local demonstrou que ele e a empresa se importavam. Depois, sua determinação em substituir o carpete contaminado demonstrou que a saúde dos empregados era mais importante do que qualquer outro fator.

Ter *determinação* nem sempre é fácil, mas é importante quando você estiver contendo uma crise. Geralmente, você precisa agir com informações inexatas ou muito escassas. Se não houver um plano de contingência, se não houver diretriz para a situação e se não houver ouvinte confiável, ainda existirá sua consciência. Pergunte a si mesmo: "O que é o certo a fazer?" Então faça, esperando que seja a coisa certa!

A *compaixão* faz parte da cultura de muitas organizações e geralmente é reconhecida. Mas nem sempre. Algumas empresas se orgulham de possuir uma cultura implacável e competitiva. Mesmo assim, um gerente ainda tem o poder de dar o tom à sua própria divisão. Nenhum gerente — independentemente da cultura corporativa — deve abandonar a compaixão ou a humanidade, especialmente durante uma crise.

O que VOCÊ faria?

● **Pare esse vazamento**

Indra gerencia o departamento de TI da DatServ, uma empresa de serviços de processamento de dados. Um dia, um técnico de sua equipe lhe traz notícias perturbadoras: aparentemente, um hacker invadiu um banco de dados de clientes da DatServ e corrompeu algumas de suas informações. Felizmente, a equipe técnica da DatServ reprogramou rapidamente o software de segurança da empresa e restaurou os dados danificados. A equipe também assegurou aos clientes afetados que nenhum dano permanente tenha ocorrido em seu banco de dados. Indra também decidiu revisar o software de segurança da DatServ, com a intenção de fazer qualquer mudança necessária para prevenir futuras invasões.

No entanto, notícias sobre o incidente se espalharam no setor. O cliente da DatServ que foi afetado contou aos outros clientes sobre a falha de segurança. De forma igualmente alarmante, um jornalista telefonou em busca de informações. Aparentemente, alguém divulgou algo sobre o incidente a uma revista especializada do setor.

Embora a DatServ tivesse impedido a invasão rapidamente e reparado os danos, parecia que agora Indra estava com um desastre de relações públicas em mãos. Ela deveria dizer algo sobre a situação às pessoas-chave – incluindo a alta administração da DatServ, grandes clientes, empregados e a mídia. Mas o quê?

O que VOCÊ faria? O mentor sugere a solução em *O que você PODERIA fazer.*

Dica: Ao gerenciar uma crise, reconheça e demonstre solidariedade ao sofrimento humano.

Comunicando a crise

Qualquer pessoa ao lidar com uma crise deverá comunicá-la ao outros. Eles podem ser o público geral ou seus subordinados diretos, vendedores, fornecedores e clientes. De qualquer forma, você deverá comunicar a seus subordinados diretos como a crise os afetará e o que eles precisam fazer. O que você dirá e como dirá é algo crítico. Você está lidando com as percepções das pessoas cujas reações podem afetar drasticamente o que acontece. A maneira de comunicar pode precipitar ações que podem agravar – ou melhorar – a crise. Uma crise, por definição, significa más notícias. Lidar com a dor e a raiva desde cedo pode evitar problemas posteriores muito piores. Sua meta é conter a crise como um todo, não tornar o momento atual mais fácil.

"O objetivo seria agir corretamente e rapidamente, eliminar e superar o problema."

– Warren Buffett

Ao comunicar durante uma crise:

- **Esteja preparado para boatos e informações falsas.** Durante uma crise, as pessoas anseiam por informações – sejam elas verdadeiras ou falsas. Utilize a estratégia de comunicação que você desenvolveu como parte de seu planejamento de crises para abordar e interromper o fluxo de notícias falsas.

ESTÁGIO 4: COMO CONTER UMA CRISE

- **Notifique as pessoas-chave.** Informe todos que precisam saber – administração da empresa, clientes, empregados, fornecedores, autoridades governamentais – e o faça rapidamente, em duas horas, se possível. Se você criou um plano de comunicação ou uma lista de números de telefone importantes, agora é o momento de usá-los.

- **Concentre-se nos fatos.** Não importa se está falando com colegas de trabalho, autoridades ou a mídia; seja direto e honesto em sua mensagem. Evite as mensagens típicas, porém inapropriadas, como: "Sem comentários", "Ainda não lemos a petição", "Um erro foi cometido". Exponha todos os fatos que conhece. Você não é obrigado a especular ou encobrir os erros, pois a mentira e a especulação apenas ferirão sua credibilidade e a credibilidade de sua empresa caso provem que você está errado. Além disso, comunique todas as más notícias de uma só vez. É como puxar uma bandagem pegajosa. Irá doer agora, mas logo passará.

Dica: Grave uma mensagem de voz no final de cada dia para que as pessoas possam ligar para você e ouvir o que realmente está acontecendo. Sua voz é uma ferramenta de comunicação poderosa. Utilize também um website para obter e fornecer informações importantes. O website de sua empresa possui credibilidade e é facilmente acessível por qualquer pessoa.

O que você PODERIA fazer?

- Lembra-se do dilema de Indra sobre o que dizer à mídia (bem como à gerência da DatServ e aos clientes e empregados) a respeito da falha de segurança?

Veja o que os mentores sugerem:

Ao comunicar a essas várias pessoas sobre a falha de segurança, Indra deve transmitir todas as más notícias ao mesmo tempo (em vez de divulgá-las aos poucos). Além disso, ela deve contar tudo que sabe sobre o ocorrido. Ao seguir essa abordagem, Indra parece-

ESTÁGIO 4: COMO CONTER UMA CRISE

rá aberta e honesta. Jornalistas e outros interessados não pensarão que ela está escondendo algo e não se sentirão compelidos a continuar a procurar mais "sujeira". Embora essa abordagem possa ser dolorosa – como puxar uma bandagem pegajosa de uma só vez – a dor passará muito mais rápido do que se ela tivesse omitido ou escondido os fatos principais.

Outras sugestões para Indra incluem uma preparação cuidadosa para uma entrevista coletiva ou apresentação, ser honesta sobre o que sabe e o que não sabe e aceitar a responsabilidade por lidar com crise (e não causá-la). Ela também deve evitar prometer algo que não possa cumprir. (É mais inteligente prometer menos e oferecer mais do que prometer demais e não conseguir cumprir.) Finalmente, Indra deve resistir a qualquer impulso de amenizar com expressões de solidariedade (como "Sinto muito que isso tenha acontecido, mas...").

Estágio 5: Como solucionar uma crise

Por definição, uma crise exige tomada de decisão rápida e confiante. Mas como tomar boas decisões quando os eventos se desenvolvem rapidamente, as coisas estão confusas e é difícil identificar o que é importante? Como manter o rumo? Gerenciar as emoções que acompanham a crise, entender o papel do líder e tomar medidas eficazes podem ajudar.

Gerenciando as emoções

Normalmente, três emoções podem se combinar para criar estresse para todos que experimentam uma crise:

- medo de um desastre;
- expectativa de resultado potencialmente positivo;
- desejo de que a crise termine.

Sob estresse, você sente a pressão de tomar uma decisão. Mas a pressão pode levá-lo a um estado de pânico em que você toma decisões apenas para "fazer algo". Na verdade, porém, você está dispersando energia e recursos – e essa energia é sua fonte de poder. Use o poder do estresse positivo para lidar com a crise como um líder confiante.

Tente evitar reações "tóxicas" ao estresse. Freqüentemente, as pessoas reagem a esses sentimentos naturais e conflitantes de medo, esperança e desespero de modo a agravar – em vez de aliviar – a crise. Considere esses exemplos comuns de reações ineficazes e geralmente prejudiciais:

- **Na dúvida, grite.** Fazer barulho pode dar a sensação de que você está fazendo algo, mas é desperdício de energia e não resolverá a crise.

ESTÁGIO 5: COMO SOLUCIONAR UMA CRISE

- **Enterre a cabeça na areia.** Às vezes, a pressão para agir se torna tão estressante que o gerente cai em estado de paralisia e não consegue tomar qualquer decisão.

REAÇÃO TÓXICA AO ESTRESSE 1: uma reação às emoções estimulada por uma crise que agrava, em vez de aliviar, a crise

---

Como lidar com suas incertezas e medos durante uma crise? Use a energia derivada dessas emoções para enfrentar a crise e lidar com ela da maneira mais eficaz possível. Além disso, adapte suas reações de acordo com o tipo de crise: repentina ou duradoura. Por exemplo, se a crise irromper e terminar rapidamente, tente estes passos simples para manter seu equilíbrio emocional.

1. **Pare.** Assim que começar a sentir a primeira onda de ansiedade inundando a mente, diga "Pare!" a si mesmo. Para enfrentar a crise, você precisa ter a mente clara e menos perturbada pela ansiedade, estresse tóxico e medo. Dessa

maneira, reconhecer e repelir verbalmente esses sentimentos pode impedir que eles controlem sua mente e suas atitudes.

2. **Respire.** Respire fundo. Assim como a palavra *pare* bloqueia pensamentos negativos em sua mente, o ato de respirar supera a tendência, induzida pelo estresse, de prender a respiração.

3. **Reflita.** Ao interromper o padrão do estresse tóxico e ao obter energia por meio da respiração, você agora pode se concentrar no problema *real*: a crise que está enfrentando. Ao refletir sobre sua reação ao estresse, você pode começar a distinguir os diferentes níveis de pensamento e separar as reações de estresse racionais das irracionais. Você pode ver a situação prática de maneira mais calma e realista e distingui-la das distorções de seus pensamentos influenciados pela ansiedade.

4. **Escolha.** Com sua atenção concentrada na situação prática, você pode buscar soluções reais, seguir o plano de crises que sua equipe desenvolveu e atender às necessidades das pessoas que você lidera.

ESTÁGIO 5: COMO SOLUCIONAR UMA CRISE

Algumas crises começam como uma pequena fogueira e se transformam em um incêndio incontrolável. Por exemplo, as crises financeiras geralmente começam como um pequeno problema nas contas a receber da empresa ou como flutuações no fluxo de caixa. Então elas se transformam na incapacidade de tomar empréstimos ou cobrir despesas básicas. Você pode estar ciente da crise emergente por várias semanas ou meses, mas é incapaz de conter a propagação do problema.

Durante esse tipo de crise, quando estiver lidando com o estresse por longos períodos, cuidar de si próprio se torna ainda mais importante. O estresse de longo prazo pode ser tóxico – fisicamente prejudicial. Ao cuidar de si mesmo, você obtém a força e a resistência para lidar com o impacto da crise. Assim, mesmo quando você se sentir cercado pela crise crescente, lembre-se de:

- conversar com as pessoas – não fique isolado;
- dormir bem;
- fazer exercícios regulares;
- ter uma dieta balanceada;
- evitar álcool, cafeína e açúcar;

- fazer uma pausa sempre que puder;
- ter senso de humor sempre que possível.

Entendendo o papel do líder

Seja o CEO de uma grande empresa ou o supervisor de um departamento, um líder eficaz descobre o problema real durante uma crise o mais rápido possível. Freqüentemente, haverá um turbilhão de informações, a maioria imprecisa. É sua tarefa descobrir a verdade e enfrentá-la, perguntando às pessoas certas, ouvindo as vozes mais confiáveis e indo aos lugares certos.

Um líder em uma crise reage ao:

- **Enfrentar a crise** – transformar o medo em ação positiva

- **Estar vigilante** – estar atento aos novos acontecimentos e reconhecer a importância da nova informação

- **Manter o foco nas prioridades** – certificar-se, primeiramente, de que as pessoas estejam seguras e, então, avaliar as necessidades mais críticas

- **Avaliar e reagir** ao que estiver sob seu controle e ignorar o que não estiver

Entrando em ação

Como um líder, você atua em várias frentes para solucionar a crise:

- **Ativa seu plano de crises.** Uma vez que tenha entendido o problema, provavelmente haverá apenas algumas opções realistas disponíveis. Se você possuir um plano de crises preparado, utilize-o.
- **Ajuda todas as pessoas a trabalharem juntas.** Um líder tem o poder de reunir as pessoas para agirem como uma equipe. Se sua equipe souber que você está no comando, ela seguirá suas orientações.
- **Evita culpar os outros.** À medida que a crise se agrava, o impulso de culpar as pessoas se torna irresistível. Certamente, a incompetência ou um erro grave de um membro da equipe pode ter causado ou estar perpetuando a crise. No entanto, du-

rante o auge da crise, tentar encontrar um bode expiatório é contraproducente. Concentre seu pessoal no controle da crise e não em culpar os outros. Mais tarde, depois da crise, você poderá decidir se a pessoa deverá ser repreendida de alguma maneira. No entanto, lembre-se de que críticas constantes baixam o moral e reprimem a criatividade e o comprometimento que você necessita para solucionar o problema. Crie uma atmosfera em que as pessoas estejam ansiosas para fazer o que precisa ser feito e não para procurar o culpado.

- **Faz o que é preciso ser feito.** Regras, políticas, estruturas, procedimentos e orçamentos são criados para manter a ordem e proporcionar um processo produtivo no curso normal do negócio. No entanto, a maioria das regras não foi criada considerando uma crise. Faça o que tiver de ser feito e não se preocupe com as "regras".

Considere este exemplo de como um líder agiu de maneira eficaz durante uma crise. Quando um varejista que vende por catálogo – que ofereceu

ESTÁGIO 5: COMO SOLUCIONAR UMA CRISE

grande quantidade de produtos personalizados, bolsas e suéteres decorados com monogramas – publicou seu catálogo de fim de ano, ficou chocado com a reação positiva. Desde o momento em que o catálogo foi lançado, em outubro, os telefones da empresa não pararam de tocar. O varejista contratou uma equipe temporária para trabalhar ao telefone, mas ainda havia um enorme gargalo: a personalização e a remessa dos produtos. Era o período de festas. Os responsáveis pela distribuição reconheceram que se não conseguissem enviar todos os pedidos a tempo para os feriados, poderia não haver uma próxima temporada.

Assim, o CEO publicou anúncios e recrutou uma equipe administrativa e gerencial para trabalhar no depósito durante a noite – depois de terminarem as tarefas normais. Todos trabalharam juntos por seis longas e cansativas semanas – todos, sem exceção. Ao trabalharem em equipe, a empresa toda desfrutou de surpreendente sucesso, ao crescer 80% naquele ano. O que poderia ter sido uma crise e um fracasso foi transformado em sucesso pelo trabalho em equipe.

Dica: Identifique quem poderá ajudá-lo a lidar com a crise e os reúna imediatamente. Poderá ser necessário criar uma equipe para lidar com a crise enquanto os outros em seu departamento ou empresa serão responsáveis por conduzir os negócios de rotina.

Estágio 6: Como aprender com as crises

QUANDO VOCÊ SOBREVIVER a uma crise, não tente esquecê-la. Em vez disso, aproveite a oportunidade para aprender com a experiência e fazer mudanças para evitar ou se preparar para outro evento semelhante. Engenheiros, por exemplo, usam os terremotos como uma experiência de aprendizagem para projetar estradas, pontes e edifícios mais resistentes. Eles usam enormes inundações para determinar as melhores formas de se adaptar às forças da natureza (construir represas e diques) ou de se submeter a essas forças (evacuar uma planície inundada).

Você também pode realizar uma auditoria pós-crise para aprender, e mesmo lucrar, com o evento. Por exemplo, quando todos da empresa citada fizeram horas extras para cumprir o grande volume de pedidos que não esperavam receber, eles lidaram com a crise imediata de forma bem-sucedida. Mas operar em crise é uma forma ineficaz de trabalhar o tempo todo. Isso afeta o moral, as vendas e a saúde de todos, especialmente do gerente. Depois da correria na empresa, as pessoas receberam grandes bonificações e férias prolongadas. A gerência tomou providências para planejar o ano seguinte e, assim, a empresa estaria preparada para satisfazer a grande demanda — com menor pressão sobre os empregados.

AUDITORIA PÓS-CRISE 1: análise do que aconteceu durante a crise e de como as pessoas reagiram, para possibilitar que a organização aprenda com o evento

---

Analisando como a crise foi gerenciada

Planeje o momento oportuno da análise da crise cedo o bastante, após o evento, para que as pessoas lembrem os detalhes, mas tarde o bastante para que a carga emocional tenha se dissipado. Comece com a análise da crise do início ao fim. Identifique

ESTÁGIO 6: COMO APRENDER COM AS CRISES

as ações, os pressupostos e os fatores externos que precipitaram a crise. Faça a si mesmo as seguintes perguntas:

- Se soubéssemos o que sabemos agora, poderíamos ter prevenido a crise? Como?

- Em que ponto percebemos que estávamos em crise? Poderíamos ter reconhecido os sinais mais cedo?

- Quais foram os sinais de alerta disparados que ignoramos?

- Quais foram os sinais de alerta em que prestamos atenção?

- Quais foram os primeiros sinais? Por que eles foram decisivos?

- O que fizemos corretamente? O que poderíamos ter feito melhor?

- Quais foram os pontos de tensão no sistema que falharam?

Planejando para a próxima crise

Sabendo o que sabe agora, como você pode prevenir que o mesmo tipo de crise ocorra novamente? Crie um plano para que você aprenda a partir do que já sabe.

- **Obtenha as contribuições de todos.** Você precisa ouvir a versão de cada um, mas preste especial atenção àqueles com expertise nas áreas relevantes. Se a crise for tecnológica, ouça os especialistas em computadores, a equipe de TI e os técnicos de rede. Se a crise for de relacionamento – um fabricante interromper o fornecimento de mercadorias –, converse com seus compradores, mas entre em ação para descobrir o que aconteceu e por quê.

- **Incorpore as idéias e as informações em seu próximo planejamento estratégico.** Você já realizou sua primeira auditoria de crises. Agora você possui muito mais conhecimento para melhorar a auditoria revisada e o plano de prevenção de crises.

Gerentes bem-sucedidos fazem de cada crise uma experiência de aprendizado. Por exemplo, a

ESTÁGIO 6: COMO APRENDER COM AS CRISES

varejista por catálogo enfrentou uma crise quando suas linhas telefônicas ficaram sobrecarregadas após o lançamento do catálogo de fim de ano. A gerência ouviu os empregados e os consultores externos. Os consultores analisaram o fluxo de trabalho, examinando gargalos e a tecnologia, e todos na empresa que trabalharam no depósito para ajudar a atravessar a crise agora entendem, por experiência própria, como o negócio foi conduzido. A experiência ensinou muita coisa a todos. O CEO definiu um sistema para explorar o conhecimento cumulativo dos empregados da empresa. A empresa estabeleceu um programa de sugestões e colocou muitas das idéias resultantes em prática. A cada trimestre, ela dava um prêmio de $100 ao empregado que apresentasse a melhor idéia.

Dica: Divida a crise em partes para analisar o modo como você lidaria com uma crise semelhante de maneira mais eficaz na próxima vez. Se você examinar o problema como um grande maremoto, será mais difícil aprender com a experiência.

Acompanhando os resultados

Acompanhe os resultados das mudanças que fizer após a crise. Como elas estão funcionando? Elas realmente reduziram o impacto negativo de um evento futuro? Por exemplo, como resultado de uma análise abrangente e muito planejamento, o varejista por catálogo estava bem preparado para a próxima temporada. Algumas das realizações e melhorias que foram criadas pela análise estão incluídas no quadro "Acompanhando os resultados".

ESTÁGIO 6: COMO APRENDER COM AS CRISES

Acompanhando os resultados

Problema identificado	Ação
O sistema de TI ultrapassado foi incapaz de lidar com um grande volume de negócios	O sistema foi remodelado e recondicionado. A divisão, uma das menores da empresa, se transformou em uma das maiores.
Há muitas cores para os produtos personalizados, o que causou atrasos no processamento dos pedidos.	O número de cores disponível foi reduzido; as ofertas foram agilizadas.
A maior parte dos pedidos era feita em um período de três meses, enquanto era menor no resto do ano.	Mais catálogos foram oferecidos durante todo o ano.
Muitas lojas faziam pedidos de última hora, criando enorme demanda de recursos em dado momento.	Para distribuir a freqüência da demanda, foram oferecidos incentivos que encorajavam os clientes a fazerem os pedidos no início da temporada.
Um número demasiado de catálogos era lançado de uma vez.	O lançamento dos catálogos e a capacidade de reagir foram acompanhados para que o sistema estivesse sempre pronto para lidar com a demanda.

Sugestões e Ferramentas

Ferramentas para lidar com as crises

FERRAMENTAS PARA LIDAR COM AS CRISES

COMO LIDAR COM AS CRISES

A lista das "10 piores coisas que poderiam acontecer"

Alguns gerentes acham útil criar e ter disponível uma lista das dez piores coisas que poderiam acontecer no trabalho e o que eles fariam a respeito. Use esta ferramenta para criar sua própria lista ou para que sua equipe ou grupo de trabalho desenvolva uma.

Situação	O que eu faria/nós faríamos a respeito
1.	
2.	
3.	
4.	
5.	
6.	
7.	
8.	
9.	
10.	

COMO LIDAR COM AS CRISES

Lista de contatos de emergência

Não se esqueça de incluir todos os contatos internos e externos que precisam ser notificados durante uma crise.

Nome:

Endereço residencial:

Telefone comercial	Telefone residencial	Celular	E-mail	Fax

Nome:

Endereço residencial:

Telefone comercial	Telefone residencial	Celular	E-mail	Fax

Nome:

Endereço residencial:

Telefone comercial	Telefone residencial	Celular	E-mail	Fax

Nome:

Endereço residencial:

Telefone comercial	Telefone residencial	Celular	E-mail	Fax

Nome:

Endereço residencial:

Telefone comercial	Telefone residencial	Celular	E-mail	Fax

Nome:				
Endereço residencial:				
Telefone comercial	Telefone residencial	Celular	E-mail	Fax

Nome:				
Endereço residencial:				
Telefone comercial	Telefone residencial	Celular	E-mail	Fax

Nome:				
Endereço residencial:				
Telefone comercial	Telefone residencial	Celular	E-mail	Fax

Nome:				
Endereço residencial:				
Telefone comercial	Telefone residencial	Celular	E-mail	Fax
Notas adicionais				

COMO LIDAR COM AS CRISES

Planejamento de recursos pré-crise

O que você pode fazer agora para tornar as coisas mais fáceis no futuro? Utilize esta lista para fazer um brainstorm sobre os recursos que você poderá precisar no caso de uma crise potencial. Esta informação também pode formar a base de um plano de ação contra crises.

Descreva a crise

Recursos necessários

Dinheiro Quanto dinheiro será necessário? _____ Em que forma? _____ Como ele será acessado? _____	Quem é o responsável? _____ O que pode ser feito agora? _____
Auxílio médico Quem ou onde? _____ Há informações de seguro-saúde? _____ Como entrar em contato? _____	Quem é o responsável? _____ O que pode ser feito agora? _____
Transporte Meios de transporte? _____ Por qual motivo? _____ Para quantos? _____ Para quem? _____	De onde para onde? _____ Sob quais prováveis condições? _____ Quem é o responsável? _____ O que pode ser feito agora? _____
Auxílio jurídico Qual é o nome do escritório de advocacia ou advogado? _____ Qual é o tipo de auxílio legal? _____	Quem é o responsável? _____ O que pode ser feito agora? _____
Auxílio temporário Quais são as habilidades necessárias? _____ Qual é o nome da agência? _____ Qual é o número de pessoas? _____	Qual é o tempo da contratação? _____ Quem é o responsável? _____ O que pode ser feito agora? _____
Auxílio governamental Qual é o nome do órgão? _____ Quais são o nome e o número de contato? _____	Quem é o responsável? _____ O que pode ser feito agora? _____
Auxílio da mídia Há porta-voz designado? _____ Existe agência de relações públicas? _____ Quem é o contato interno? _____	Quem é o responsável? _____ O que pode ser feito agora? _____

Outros recursos necessários

FERRAMENTAS PARA LIDAR COM AS CRISES

COMO LIDAR COM AS CRISES

Avaliação do impacto no cenário

Utilize este formulário para explorar as prováveis conseqüências de uma crise. Ao analisar um cenário e explorar as possíveis situações, você pode se preparar melhor para agir com confiança se surgir um problema ou crise. Não se esqueça de se concentrar primeiramente – ou se concentrar mais – nas situações de alto risco.

Identifique uma crise de alto nível de acordo com a seguinte avaliação:
Crise de alto risco = alto impacto na empresa + alta probabilidade de ocorrência

	BAIXO	MÉDIO	ALTO
Impacto potencial da crise na empresa	☐	☐	☐
Probabilidade de ocorrência da crise	☐	☐	☐
Nível de risco da crise	☐	☐	☐

Descreva brevemente o cenário

O que poderia acontecer? _____
Quem estaria envolvido? _____
Onde? _____
Quais seriam as piores conseqüências possíveis? _____
Qual é a probabilidade de essa situação ocorrer? _____

Avalie o nível de risco do cenário	Nível
O quanto essa situação tem o potencial de:	Baixo Alto 1 2 3 4 5
Colocar em risco a saúde e a segurança das outras pessoas?	
Causar perda de vidas e/ou danos à saúde humana?	
Causar danos ao meio ambiente?	
Afetar a rotina de trabalho de seu departamento ou negócio?	
Manchar a reputação de seu departamento ou do setor ou do público da empresa?	
Causar impacto financeiro significativo?	
Atrair atenção negativa da mídia, processos ou investigações do governo?	
Prejudicar as relações ou o moral dos empregados ou contribuir para sua rotatividade?	
Relacione outros impactos potencialmente negativos	

Implicações da ação

Considerando as respostas às questões, existem determinadas ações preventivas que podem ser tomadas para minimizar o impacto negativo desse cenário? Existe um plano pronto para lidar com as piores conseqüências de maneira eficaz e decisiva?

COMO LIDAR COM AS CRISES

Aprendendo com a crise

Quando uma crise finalmente termina, é tentador esquecer de tudo e continuar em frente. Mas uma valiosa oportunidade de aprendizagem será perdida. Utilize este formulário para registrar o conhecimento que você, sua equipe, divisão ou empresa extraíram da experiência. Destrinche cada problema enfrentado, como lidou com ele e o que aprendeu. Descubra como prevenir a ocorrência de um problema semelhante e/ou como reagir ao problema de maneira mais eficaz.

Crise ou problema	Ação	O que aprendemos	Ação preventiva
Exemplo: Um dos principais executivos saiu para entrar em outra empresa	Iniciamos apressadamente uma busca desorganizada por um substituto.	Estávamos despreparados e não sabíamos quais eram os critérios da busca. O processo levou muito tempo.	Desenvolver um plano de sucessão para cada posição-chave na empresa.

Resumo

Em que aspectos lidamos com a crise de maneira eficaz? Como podemos assegurar que incorporamos essas ações positivas em nossos próximos planos de gestão de crise?

Em que aspectos lidamos com a crise de maneira ineficaz? Quais foram os efeitos negativos de nossas ações? Como podemos melhorar nossa gestão de crises no futuro?

Teste

Esta seção oferece dez questões de múltipla escolha para ajudá-lo a identificar seu conhecimento básico sobre a gestão de crises. As respostas das questões se encontram no final do teste.

1. Você acabou de ser designado para a tarefa de prevenir crises que poderiam causar grandes danos à sua organização. Qual é a primeira coisa a fazer?

   a. Identificar as crises que causariam os maiores danos.

   b. Identificar as crises mais prováveis.

   c. Formar uma equipe de análise de crises.

2. Um empregado importante acabou de informar que sua esposa está com uma doença terminal. Após expressar sua solidariedade e preocupação, o que você faz?

a. Descobre quanto tempo ela deve viver.

b. Trabalha com ele e outros empregados a fim de criar um plano de trabalho flexível.

c. Encoraja-o a tirar uma licença.

3. Verdadeiro ou falso: Quando estiver analisando o dano potencial que uma crise pode causar, o resultado financeiro é o fator mais importante a se considerar.

   a. Verdadeiro.

   b. Falso

4. Qual é a porcentagem das empresas que sofreram uma grande perda de dados e sobreviveram à crise?

   a. Menos de 10%.

   b. Entre 10% a 30%.

   c. Mais de 30%.

5. Qual é o tipo de crise que, na verdade, possui o maior potencial de ser uma oportunidade de negócios?

   a. Um desastre de segurança pública.

   b. Uma falha tecnológica.

   c. Uma oscilação de mercado.

6. Um contador lhe informa que um dos membros mais bem pagos de sua equipe (com quem você tem um relacionamento amigável) pode estar desviando pequenas quantias de dinheiro. O que você faz?

   a. Diz ao contador que o empregado ganha muito dinheiro para roubar quantias tão pequenas.

   b. Discute a situação com o empregado discretamente, como um aviso sutil para que ele deixe de desviar dinheiro, caso isso seja verdade.

   c. Examina os livros em estreito contato com o contador. Se algo estiver errado, chamará um auditor.

7. Qual das seguintes culturas organizacionais deverá ser a mais ágil nas respostas e eficaz para lidar com uma crise?

   a. Uma cultura competitiva em que as decisões são tomadas e as tarefas são realizadas, não importa como.

   b. Uma cultura amigável baseada na confiança.

   c. Uma cultura em que as informações são muito bem protegidas e as decisões são tomadas no topo.

8. Um desastre acabou de atingir sua empresa e você é o porta-voz designado. Uma entrevista coletiva será realizada em uma hora. Como você e sua equipe estão se preparando para enfrentá-la?

a. Você está redigindo uma declaração com palavras cuidadosamente escolhidas, que revela apenas o que logo se tornará público.

b. Você está redigindo uma declaração otimista, incluindo apenas as perspectivas mais positivas sobre o problema e as soluções.

c. Você está preparando respostas honestas para as cinco perguntas com as menores chances de serem feitas.

9. Você é o gerente de projetos de um dos principais produtos de sua empresa. Os resultados preliminares dos testes dos usuários são confusos. Você ainda deve cumprir o prazo e o orçamento, mas não sabe o que fazer com os resultados confusos. Qual é seu primeiro passo?

   a. Formar uma equipe de produção flexível que possa fazer mudanças rapidamente nos produtos indicados pelos testes do grupo de foco.

   b. Desprender-se mentalmente do projeto. Analisar as informações que obtiver para determinar o verdadeiro problema.

   c. Continuar apoiando a visão que iniciou o desenvolvimento do produto. Manter a rotina de trabalho para criar uma atmosfera de calma e confiança.

10. A crise finalmente chegou ao fim e todos se sentem aliviados e exaustos ao mesmo tempo. Embora seja tentador seguir em frente, você sabe que deve avaliar o que saiu errado para prevenir uma nova ocorrência. Por onde você começaria?

a. Obtendo informações de todos os envolvidos para criar um plano para o futuro.

b. Identificando e punindo quem causou o problema.

c. Trabalhando com uma ou duas pessoas-chave para criar um plano para o futuro.

Respostas às questões do teste

1, c. Reunir uma equipe de análise de crises composta de pessoas experientes com diferentes perspectivas será um ótimo começo. Formalize a equipe e designe tarefas. Uma conversa de corredor não oferece a profundidade ou a abrangência necessária para prevenção ou gestão de crises.

2, b. Seu empregado pode desejar e precisar trabalhar durante a crise e pode ser muito capaz de desempenhar suas funções em meio expediente. Reunir as pessoas durante essa crise pode ajudar a criar o apoio emocional que o empregado necessita para superá-la.

3, b. Uma crise tem o potencial de prejudicar a saúde e a segurança dos empregados, a reputação de sua empresa e sua capacidade de servir os clientes — tudo isso tem a mesma importância que os resultados financeiros da organização.

4, a. Um estudo da University of Texas revelou que apenas 6% das empresas que sofreram grande perda de dados sobreviveram à crise. A boa notícia é que essa é uma crise que uma organização pode evitar de modo relativamente fácil.

5, c. Mudanças no mercado podem significar desastre ou crescimento para uma empresa, dependendo de como a organização prevê e lida com essas mudanças.

6, c. Ao examinar os livros com seu contador e chamar um auditor independente se algo estiver errado, você investiga os fatos da forma mais rápida e objetiva possível – o que é importante em qualquer crise.

7, b. Uma empresa que valoriza a confiança e a compaixão e criou redes informais para a troca de informações pode demonstrar mais facilmente o espírito de equipe e a comunicação franca necessários para sobreviver às crises.

8, c. Querendo ou não, as pessoas farão perguntas difíceis. É melhor estar preparado com respostas honestas, mesmo que seja "Eu não sei".

9, b. Você não pode resolver um problema até que ele seja claramente identificado. Uma vez que você isolou o problema, é possível dividi-lo em partes e decidir como resolver a situação.

10, a. Todos que foram afetados pela crise possuem uma perspectiva valiosa sobre o que saiu errado e idéias sobre como prevenir crises semelhantes. Obtenha informações de todos esses indivíduos antes de fazer novos planos.

Saiba mais

Artigos

Argenti, Paul. "Crisis Communication: Lessons from 9/11". *Harvard Business Review* (dez. 2002).

Nesse artigo, os executivos de vários setores conversam sobre como suas empresas, incluindo Morgan Stanley, Oppenheimer Funds, American Airlines, Verizon, New York Times, Dell e Starbucks, conseguiram restaurar as operações e o moral depois do ataque de 11 de setembro. A partir das entrevistas com esses indivíduos, o autor e professor de administração Paul Argenti foi capaz de destilar várias lições, sendo que cada uma delas, diz ele, "serve como parâmetro para uma empresa que esteja enfrentando uma crise que compromete a tranqüilidade, a confiança ou a concentração dos empregados".

Augustine, Norman R. "Reshaping an Industry: Lockheed Martin's Survival Story". *Harvard Business Review* (nov. – dez. 1997).

Nessa história de bastidores a respeito dos efeitos do fim da Guerra Fria sobre o setor, Augustine extrai lições importantes sobre o que o setor pode fazer para evitar as crises e gerenciá-las uma vez que tenham começado.

Harvard Business School Publishing. "How to Keep a Crisis from Happening". *Harvard Management Update* (dez. 2000).

Esse artigo contém informações concisas e práticas sobre como prevenir e lidar com uma crise enquanto estiver ocorrendo.

SAIBA MAIS

Harvard Business School Publishing. "Managing a Crisis". *Harvard Management Update* (ago. 2005).

Esse artigo explora as três emoções que se mesclam durante uma crise: o medo de um desastre, a expectativa de um resultado potencialmente positivo e o desejo de que a crise termine. Cada uma delas o leva a uma tendência emocional diferente; juntas, elas criam uma distinta sensação de estresse, e, sob estresse, você sente a pressão de tomar uma decisão. Mas a pressão pode levá-lo a tomar decisões apenas para "fazer algo". Dessa forma, as pessoas geralmente reagem às crises de modo a agravá-las, em vez de aliviá-las. Os autores explicam como evitar essas reações fúteis e freqüentemente prejudiciais.

Mitroff, Ian I. e Alpaslan, Murat C. "Preparing for Evil". *Harvard Business Review* (abr. 2003).

Os autores mostram como as empresas preparadas para uma crise utilizam uma abordagem sistemática para concentrar seus esforços. Além de planejar para os desastres naturais, eles dividem as calamidades causadas pelo homem em dois tipos: acidentais, como o vazamento de petróleo do *Exxon Valdez*, e deliberados, como adulteração de produtos. Assim, eles tomam providências para ampliar seu conhecimento sobre essas crises potenciais. Eles se imaginam como terroristas, por exemplo, ou consideram ameaças que seriam comuns em outros setores; buscam idéias criativas de jornalistas investigativos, advogados e até mesmo criminosos regenerados.

SAIBA MAIS

Livros

Deming, W. Edwards. *Out of the Crisis*. Cambridge, MA: MIT Press, 2000.

De acordo com W. Edwards Deming, as empresas norte-americanas necessitam nada menos que uma transformação no estilo de administração e no relacionamento do governo com o setor. Em *Out of the Crisis*, publicado pela primeira vez em 1986, Demings oferece uma teoria de administração baseada nos famosos Fourteen Points for Management. A falha da gerência em planejar para o futuro, ele afirma, leva à perda de mercado que, por sua vez, leva à perda de empregos. A gerência deve ser julgada não pelos dividendos trimestrais, mas pelos planos inovadores para se manter no negócio, proteger os investimentos, assegurar dividendos futuros e oferecer mais empregos por meio de melhores produtos e serviços. Em uma linguagem simples e direta, ele explica os princípios da transformação da gerência e como aplicá-los.

Grove, Andrew S. *Só os Paranóicos Sobrevivem*. São Paulo: Futura, 1997.

Andrew Grove, chairman da Intel Corporation, descreve sua experiência na empresa e os altos e baixos da Intel. Ele oferece ao leitor uma ótima visão do modo como mudanças em todo trimestre podem afetar uma grande corporação e revela seu ponto de vista em uma linguagem prática e direta sobre como obter vantagem de uma mudança ou crise.

Harvard Business School Publishing. *Harvard Business Review on Crisis Management*. Boston: Harvard Business School Press, 1999.

Essa coleção de oito artigos salienta as principais idéias de como lidar em situações difíceis, crises e outros tópicos delicados em um ambiente de negócios. Obter as habilidades e ferramentas gerenciais para gerenciar ou evitar essas crises é crítico para a sobrevivência e o sucesso de sua organização. Em seu principal artigo, "Managing the Crisis

SAIBA MAIS

You Tried to Prevent", Norman Augustine utiliza sua ampla experiência em muitas situações corporativas para dividir a crise em estágios previsíveis, com conselhos sobre como lidar com cada um deles. Outros artigos nessa compilação oferecem conselhos práticos do pessoal da linha de frente sobre temas como dispensa de empregados, *recall* de produtos, deserção de executivos, política de relações públicas e liderança.

Hurst, David K. *Crisis and Renewal: Meeting the Challenge of Organizational Change*. Boston: Harvard Business School Press, 2002.

Hurt apresenta uma visão radicalmente diferente de como as organizações evoluem e se renovam. O autor acompanha uma amostragem de empresas desde seu início criativo até a institucionalização de seu sucesso. Utilizando um modelo de ciclos ecológicos organizacionais, ele argumenta que os gerentes precisam criar crises deliberadas para evitar a destruição de suas organizações e renová-las com criatividade e significado.

Bibliografia para a gestão de crises

Gostaríamos de agradecer às fontes que utilizamos no desenvolvimento deste livro.

Augustine, Norman R. "50 Signs of Trouble – A List by Norman Augustine". Não publicado.

Augustine, Norman R. "Managing the Crisis You Tried to Prevent". *Harvard Business Review*. OnPoint Enhanced Edition (2002).

Augustine, Norman R. Personal communication. Novembro de 2001.

Bureau of Labor Statistics.

Carlone, Katie. Personal communication. Janeiro de 2002.

Dutton, Jane E., Frost, Peter J., Worline, Monica C., Lilius, Jacoba M. e Kanov, Jason M.. "Leading in Times of Trauma". *Harvard Business Review* (janeiro–fevereiro de 2002).

Fink, Steven. *Crisis Management – Planning for the Inevitable.* Nova York: American Management Association, 1986.

Harvard Business School Publishing. *Manager's Toolkit.* Boston: Harvard Business School Press, 2004.

"How to Keep a Crisis from Happening". *Harvard Management Update* (dezembro de 2000).

Mitroff, Ian I., Pearson, Christine M. e Harrington, L. Katharine. *The Essential Guide to Managing Corporate Crises.* Oxford: Oxford University Press, 1996.

"Read This, Then Go Back Up Your Data". *Fortune,* Special Tech Edition (Inverno de 2002).

Silva, Michael e McGann, Terry. *Overdrive – Managing in Crisis – Filled Times.* Nova York: John Wiley & Sons, 1995.

Sontag, Sherry e Drew, Christopher. "Blind Man's Bluff: The Untold Story of American Submarine Espionage". *Public Affairs* (1998).

Van Der Heijden, Kees. *Scenarios – The Art of Strategic Conversation*. Nova York: John Wiley & Sons, 1996.

Vernon, Lillian e Fredman, Catherine. "Too Much of a Good Thing". *United Airlines Hemispheres* (novembro de 2001).

Vogelstein, Fred. "Can Schwab Get Its Mojo Back? *Fortune* (17 de setembro de 2001).

Wack, Pierre. "Scenarios: Uncharted Waters Ahead". *Harvard Business Review* (setembro–outubro de 1985).

Anotações

Anotações

Anotações

Anotações

Anotações

Anotações

Anotações

Anotações

Anotações

Anotações

CONHEÇA TAMBÉM OS OUTROS LIVROS DA SÉRIE:

Este livro ajudará você a cultivar um relacionamento saudável com seu gerente, obter vantagem do conhecimento e dos recursos para solucionar problemas e negociar com seu supervisor soluções de ganho mútuo para os desafios.

ADMINISTRE O RELACIONAMENTO COM SEU GESTOR
ISBN: 978-85-352-3251-6
PÁGINAS: 144

Com este livro você aprenderá a fazer as reuniões funcionarem de maneira mais eficaz e se sentirá mais à vontade em relação a elas.

GERENCIAMENTO DE REUNIÕES
ISBN: 978-85-352-2010-0
Páginas: 152

Independentemente de você estar apenas começando a aprender ou procurando uma nova abordagem à utilização eficiente de seu tempo, este livro poderá ajudá-lo.

GERENCIAMENTO DE TEMPO

ISBN: 978-85-352-2009-4
Páginas: 144

Com este livro você descobrirá como se transformar em um gerente de projetos mais qualificado e confiante.

GESTÃO DE PROJETOS

ISBN: 978-85-352-2008-7
PÁGINAS: 144

Este livro oferece as ferramentas necessárias para você se tornar um verdadeiro líder e para ajudá-lo a perceber como e onde utilizar sua inteligência emocional.

LIDERANÇA DE EQUIPES

ISBN: 978-85-352-2007-0
PÁGINAS: 160

Cadastre-se e receba informações sobre nossos lançamentos, novidades e promoções.

Para obter informações sobre lançamentos e novidades da Campus/Elsevier, dentro dos assuntos do seu interesse, basta cadastrar-se no nosso site. É rápido e fácil.
Além do catálogo completo on-line, nosso site possui avançado sistema de buscas para consultas, por autor, título ou assunto.
Você vai ter acesso às mais importantes publicações sobre Profissional Negócios, Profissional Tecnologia, Universitários, Educação/Referência
e Desenvolvimento Pessoal.

Nosso site conta com módulo de segurança de última geração para suas compras.
Tudo ao seu alcance, 24 horas por dia.
Clique **www.campus.com.br** e fique sempre bem informado.

www.campus.com.br
É rápido e fácil. Cadastre-se agora.

Outras maneiras fáceis de receber informações sobre nossos lançamentos e ficar atualizado.

- ligue grátis: **0800-265340** (2ª a 6ª feira, das 8:00 h às 18:30 h)
- preencha o cupom e envie pelos correios (o selo será pago pela editora)
- ou mande um e-mail para: **info@elsevier.com.br**

Nome: _____
Escolaridade: _____ ❏ Masc ❏ Fem Nasc ___/___/___
Endereço residencial: _____
Bairro: _____ Cidade: _____ Estado: _____
CEP: _____ Tel.: _____ Fax: _____
Empresa: _____
CPF/CNPJ: _____ e-mail: _____
Costuma comprar livros através de: ❏ Livrarias ❏ Feiras e eventos ❏ Mala direta
❏ Internet

Sua área de interesse é:

❏ **UNIVERSITÁRIOS**
❏ Administração
❏ Computação
❏ Economia
❏ Comunicação
❏ Engenharia
❏ Estatística
❏ Física
❏ Turismo
❏ Psicologia

❏ **EDUCAÇÃO/REFERÊNCIA**
❏ Idiomas
❏ Dicionários
❏ Gramáticas
❏ Soc. e Política
❏ Div. Científica

❏ **PROFISSIONAL**
❏ Tecnologia
❏ Negócios

❏ **DESENVOLVIMENTO PESSOAL**
❏ Educação Familiar
❏ Finanças Pessoais
❏ Qualidade de Vida
❏ Comportamento
❏ Motivação

20299-999 - Rio de Janeiro - RJ

O SELO NÃO SERÁ PAGO POR
Elsevier Editora Ltda

CARTÃO RESPOSTA
Não é necessário selar

Cartão Resposta
0501200048-7/2003-DR/RJ
Elsevier Editora Ltda

CORREIOS

Sistema CTcP,
impressão e acabamento
executados no parque gráfico da
Editora Santuário
www.editorasantuario.com.br - Aparecida-SP